RÉFLEXIONS CONJECTURALES

SUR

LA CHUTE

DE

HENRI DE FRANCE.

RÉFLEXIONS CONJECTURALES

SUR

LA CHUTE

DE

HENRI DE FRANCE,

PAR M. BARBASTE, DE MONTPELLIER.

« Vous vivez, et l'esprit de la charité chrétienne m'interdit de faire aucun souhait pour votre mort. »
FLÉCHIER, *Oraison funèbre* de Turenne.
DE LINGENDES, *Oraison funèbre* d'Amédée, Duc de Savoie.

ALAIS,

P. VEIRUN, IMPRIMEUR-LIBRAIRE, GRAND'RUE.

1842.

A LA MÉMOIRE DE DELPECH.

Ingenti patriæ *Delpech* succensus amore,
    Lynceus scrutator, primus in arte suâ,
Gloria Gallorum, nec non spes unica nostrûm :
    Pauperibus felix, his pretiosus erat.
Crudelique tamen fato miserabilis ipse
    Occumbit : cunctis, flebiliorque mihi.

M. BARBASTE.

C'est un article, lu dans la *Gazette du Bas-Languedoc*, qui a donné naissance à cette dissertation. C'est donc à cette Feuille que nous eûmes d'abord l'idée de livrer nos réflexions. Craignant, toutefois, qu'on ne vît une intention politique dans une chose qui est purement scientifique, nous nous sommes décidé à faire imprimer à part.

L'amour que l'on peut avoir pour un prince, ne nous a jamais paru inconciliable avec l'amour patriotique. La cause des peuples peut très-bien aller avec celle des rois : le plus grand législateur sera toujours, selon nous, celui qui opèrera cette fusion de la manière la plus heureuse.

Sans doute nous voudrions voir alléger quelque peu les maux de notre société ! Mais nous savons que ces maux ne viennent pas toujours des rois.

Plusieurs hommes d'origine plébéienne ont sacrifié la cause sainte à quelques vanités du monde, à des passions brutales, etc.

Ayant voulu concentrer notre pensée dans une question de chirurgie, nous déclarons que nous ne nous sommes proposé aucun but politique. Nous n'avons pas même consulté les divers journaux ministériels ou de l'opposition, qui se sont occupés de la maladie de *Henri de France*. La question n'a-t-elle encore été étudiée que sous le rapport du pronostic, attendu que, pour le but final, il devenait inutile d'en présenter l'étude sous d'autres points de vue.

Éloigné depuis trois ans de la Faculté de Montpellier, nous regrettons de n'avoir pu mettre à profit les lumières des Chirurgiens de cette ville. Sans contredit, nous aurions emprunté à MM. les professeurs *Dubreuil*, *Delmas*, *Estor*, *Bouisson*, *Lallemand*, et plus particulièrement à M. le professeur *Serre*, notre ancien maître, des matériaux pour rendre notre travail plus solide.

* J. Reboul, Épître à M. F. de Lamennais.

A la tête d'un numéro de la *Gazette du Bas-Languedoc* (1), on lit un article qui dément les bruits sinistres que des feuilles mal informées ou mal intentionnées, avaient répandus au sujet de l'accident de *Henri de France*. Il est dit dans ce numéro : « La santé de M. le *Duc de Bordeaux* est si bien rétablie, que les Chirurgiens ne voient désormais aucune raison pour retarder son départ sur Vienne. » S. M. l'Empereur d'*Autriche* a voulu prévenir l'intention qu'avait le Prince français de lui faire une visite; et, pour lui éviter quelque fatigue, elle est venue recevoir elle-même ses adieux.

(1) 5 mars 1842.

S. M. la Reine de *Prusse* a semblablement adressé à
M. le *Duc de Bordeaux* des félicitations sur son
heureuse guérison.

Certes, de telles paroles sont bien rassurantes.
Elles sont de nature à donner du calme et de
l'espoir aux esprits qui s'intéressent au sort du
noble exilé. Néanmoins ces paroles nous paraissent
insuffisantes. Elles laissent à désirer, en ce sens
qu'elles ne dissipent pas tous les doutes, qu'elles ne
détruisent pas tout-à-fait les fâcheuses impressions
déjà produites par la presse anti-légitimiste. On
s'est tû sur la difformité du membre fracturé : un
retour à la santé n'indique pas que le Prince ne
soit point boiteux. En sorte que pour bien des
gens cette question est encore pendante. L'on n'ose
se récrier contre le fâcheux pronostic porté depuis
plusieurs mois. La confiance est ébranlée; au doute
succède le silence; et la science, d'accord avec
quelques journaux de médecine récemment publiés,
semble venir à l'appui de cette fatale idée : que nulle
fracture du col du fémur ne peut guérir sans qu'il
en résulte le raccourcissement du membre. En conséquence, disent les logiciens par trop rigoureux,
Henri de Bourbon a fait une chute sur le grand
trochanter; il s'est fracturé le col du fémur; donc il
sera boiteux.

Les personnes qui ont embrassé cette manière
de voir se sont trop pressées de conclure. Dans l'art
chanceux et redoutable de guérir, il faut toujours
savoir se méfier des anticipations. Essayons, par

conséquent, de présenter les choses sous leur véritable jour. *D'Alembert*, abordant une question qui a quelque ressemblance avec celle que nous traitons, disait : « Je vais tâcher de m'expliquer si clairement, que presque tous mes lecteurs seront à portée de me juger (1). » Nous voudrions pouvoir tenir le même langage : malheureusement il ne dépend pas de nous que notre lecteur soit initié à des connaissances anatomiques et chirurgicales, lesquelles sont indispensables pour suivre notre raisonnement. Puissions-nous, néanmoins, dans la direction de nos idées, être favorablement entendu de tout le monde ! Puissions-nous voir nos simples conjectures se convertir en autant de vérités !

Il résulte des faits consignés dans l'histoire de la chirurgie, que la guérison de la fracture du col du fémur, sans raccourcissement du membre, est en effet très-difficile. Mais nulle part, si ce n'est dans les œuvres du célèbre *Delpech* et dans un ouvrage récent, on n'a soutenu que cette guérison fut absolument impossible (2). Au contraire, nous verrons

---

(1) *Mélanges de littérature*, tom. V, p. 276, Doutes et questions sur le calcul des probabilités.

(2) *Celse* semble avoir prévenu *Delpech* dans le défi porté aux Chirurgiens : « Neque tamen ignorari oportet, si femur fractum est, *fieri brevius*, quia *numquàm in antiquum statum revertitur*, summisque digitis posteà cruris ejus insisti : ex quo multa femori debilitas est, ubi fortunæ negligentia quoque accessit. » *De re medicâ*, lib. VIII, cap. I, sect. IX, edit. *S. Pariset*.

Ce passage de *Celse* se rapporte à la fracture du col du fémur, aussi bien qu'à celle du corps de cet os, comme nous le verrons plus tard.

un très-grand nombre de faits venir déposer contre la doctrine du raccourcissement. La discussion déjà fort simple, en ce qu'elle n'embrasse que le pronostic de la fracture du col du fémur, sera donc ramenée à opposer des faits à des faits, des témoignages à des témoignages, des autorités à des autorités. Les détails de cette discussion seront incorporés à des preuves de fait et de raisonnement, et celles-ci formeront pour ainsi dire toute la substance de nos réflexions.

On distingue les fractures du col en *extra* et en *intra-capsulaires*. La direction de la fracture et la disposition plus ou moins régulière des surfaces fracturées font admettre aussi la division des fractures obliques, transversales, en rave, à surface rugueuse, etc. Dans la fracture qui se fait en dedans de la capsule, la consolidation est très-difficile, tandis que dans la fracture *extra-capsulaire*, la difficulté n'a lieu que pour maintenir les fragmens en rapport. Mais, malgré l'opinion d'*Astley Cooper*, la consolidation n'est pas plus impossible, dans le

La Clinique de Montpellier semble s'être rangée à l'opinion de *Delpech*.

C'est dans cet excellent journal, rédigé par M. *Hubert Rodrigues*, que nous trouvons ces paroles trop absolues d'un auteur contemporain : « Jamais on n'a obtenu une guérison tout-à-fait exempte de raccourcissement dans la fracture *extra-capsulaire*. » (15 novembre, 1er et 15 décembre 1841.)

M. *J. Quissac*, notre ami, s'est aussi déclaré en faveur de *Delpech;* nous regrettons bien vivement de l'avoir pour contradicteur. *Gazette médicale* de Montpellier, n° 25, 2me année.

premier cas, que la guérison sans raccourcissement,
ne l'est dans le second, quoiqu'en ait dit *Delpech*.
Examinons le premier cas.

§ I.

Ce serait un fait très-malheureux, si dans la
fracture *intra-capsulaire*, la formation du cal ne
pouvait jamais avoir lieu. A force de frotter l'un
contre l'autre, les deux fragmens finiraient par
s'user, par s'éroder : il s'établirait une fausse articulation, et à coup sûr la claudication serait la
conséquence inévitable de tous ces désordres.
Heureusement il n'en est pas ainsi dans le plus
grand nombre des cas. *A. Cooper*, lui-même, a
admis la possibilité de la consolidation osseuse dans
les fractures transversales, dans celles où l'une des
portions de l'os n'est point complètement séparée,
dans celles où le périoste et les ligamens environnans ne sont point déchirés, dans celles, enfin, où
la direction oblique de la fracture rend celle-ci à la
fois *intra* et *extra-capsulaire*. Dans toutes ces circonstances la consolidation osseuse peut se faire,
a fort bien dit *A. Cooper*. Cette règle est générale : il n'y aurait pas de bon sens à créer une
exception pour M. le *Duc de Bordeaux*, si nous

admettons toutefois que, chez lui, la fracture est de l'ordre *intra-capsulaire*.

Mais le célèbre Chirurgien anglais ne croit pas à cette consolidation osseuse, lorsque la fracture est *intra-capsulaire* proprement dite, c'est-à-dire, lorsque sa direction est plus ou moins perpendiculaire à l'axe de la tête de l'os. Les motifs de son incrédulité, il les puise dans le peu de vitalité du fragment supérieur. Selon lui, ce fragment n'est plus qu'un corps étranger qui doit s'opposer invinciblement à la formation du cal.

On ne voit pas d'abord pourquoi la nature aurait été imprévoyante, elle qui ne l'est jamais. Ensuite la non vitalité du fragment supérieur est à démontrer et non démontrée. En effet, l'anatomie prouve que le col du fémur, comme toutes les autres parties du squelette, est pourvue d'un périoste assez fort et de vaisseaux sanguins assez nombreux pour former un cal. *Dupuytren* a mis hors de doute l'existence du périoste, et M. *Velpeau* reconnaît avec lui que le ligament *inter-articulaire* contient assez de vaisseaux sanguins pour nourrir le fragment supérieur. Ces deux Chirurgiens reconnaissent encore que ce fragment reçoit d'autres vaisseaux nourriciers qui traversent les pelotons de tissu cellulaire rougeâtre, situés à la base du cartilage et que recouvrent des replis, en forme de cul de sac, de la membrane synoviale (1).

(1) *Leçons orales*, tome II, pag. 115.
Anatomie chirurg., vol. II, pag. 466.

Quant au fragment inférieur, il n'y a rien à craindre pour son compte : indépendamment du périoste, l'artère nourricière du fémur, celles qui entourrent cet os, celles qui vont se distribuer à la cavité digitale du grand trochanter, celles enfin qui pénètrent dans le tissu spongieux ou qui rampent à la surface de l'os, lui apportent tous les matériaux alibiles nécessaires. En sorte que ce fragment jouit d'une vie plus active que le supérieur ; il fait à lui seul, selon *Dupuytren*, presque tous les frais de la consolidation, à laquelle, néanmoins, le fragment supérieur contribue pour sa part.

L'opinion de *A. Cooper*, que nous voyons combattue par l'anatomie et renversée par la grande autorité de *Dupuytren*, nous la verrons encore en opposition avec les faits. Remarquons, toutefois, que *A. Cooper* admet une réunion des fragmens, mais une réunion simplement ligamenteuse, tandis que le Chirurgien français croit à une véritable consolidation osseuse. *Béclard* aussi avait cru, avant *A. Cooper*, que la rotule, l'olécrâne et la tête du fémur ne pouvaient se réunir, une fois divisés, qu'à l'aide d'une cicatrice fibreuse (1). Mais une observation ultérieure plus exacte a fait justice de cette erreur. Le Chirurgien de l'Hôtel-Dieu de Paris a rapporté, dans ses leçons orales, le fait d'une fracture des deux rotules, laquelle guérit des deux côtés à l'aide d'un cal parfaitement osseux.

(1) Notes ajoutées à l'*Anatomie générale* de Bichat, tome III, p. 142.

Nous trouverons encore ailleurs que dans *Dupuy-tren* des preuves en faveur de la consolidation osseuse.

Déjà *Boyer* avait écrit, avant *Dupuytren*, contre la réunion des fragmens du col du fémur, sans substance osseuse intermédiaire. Plus tard, ce Chirurgien fit graver une rotule osseusement réunie (1). *Léveillé* certifie aussi que la consolidation se fait constamment contre l'idée d'un trés-grand nombre de pathologistes, qui se sont efforcés de prouver que le col du fémur était sans périoste (2). *Sœmmering* possédait dans son cabinet anatomique une pièce présentant une fracture *intra-capsulaire* parfaitement consolidée à l'aide d'un cal. M. *Chelius* est possesseur d'une pièce du même genre prise sur une femme très-âgée. Un Chirurgien de Dublin, *Colles*, a rapporté onze cas qui mettent hors de doute la consolidation osseuse des fractures de la tête du fémur. Ont écrit et parlé, dans le même sens, plusieurs autres Chirurgiens, parmi lesquels nous citerons *Earle*, *Liston*, *Langenbeck*, *Bruen-ninghausen*, *Richter*, *Bauër* (3), et ceux qu'on trouve dénommés dans la clinique de Montpellier, tels que *Amesburg*, *Van-Houte*, *Stanley*, *Fayet*, *Goyraud* d'Aix, *Brulatour*, etc., (4).

(1) *Gazette des Hôpitaux*, n° 55, tome IV, 15ᵐᵉ année.

(2) *Nouvelle doctrine chirurgicale*, tome II, chap. *fract.*

(3) *Traité de Chirurgie*, tome II, fract. du col du fémur.

(4) *Clinique de Montpellier*, loc. cit.

Nous nous arrêterons de préférence sur le fait de M. *Brulatour*. Ce Médecin donna à l'Académie de médecine de Paris la preuve matérielle de la consolidation osseuse, en lui envoyant la pièce anatomique. C'était le fémur d'un médecin anglais, *James*, mort d'une maladie étrangère à la fracture.

La pièce qui passa sous les yeux de l'Académie offrait un cal de quatre lignes dans sa partie la plus épaisse, et d'une ligne et demie dans l'endroit le plus mince. Une ligne formée par le cal indiquait aussi que la base de la tête du fémur avait été fracturée à sa partie supérieure et postérieure. Le malade avait parfaitement guéri de cette fracture, de même que plusieurs autres dont les détails furent aussi envoyés à l'Académie (1).

L'observation de M. *Brulatour* nous paraît intéressante, d'abord, parce qu'ayant été faite sur un Médecin anglais, celui-ci ouvrit une correspondance scientifique avec son compatriote *A. Cooper*, sans doute pour le convaincre d'erreur; ensuite, parce que le malade étant à cheval quand il fit la chute sur le grand trochanter, cette dernière circonstance rapproche singulièrement ce fait de celui de M. le *Duc de Bordeaux*. Or, comme dans le premier cas il y a eu consolidation, on peut déduire d'hors et déjà qu'il n'est pas impossible de l'obtenir dans le second.

A l'occasion du mémoire de M. *Brulatour*, le

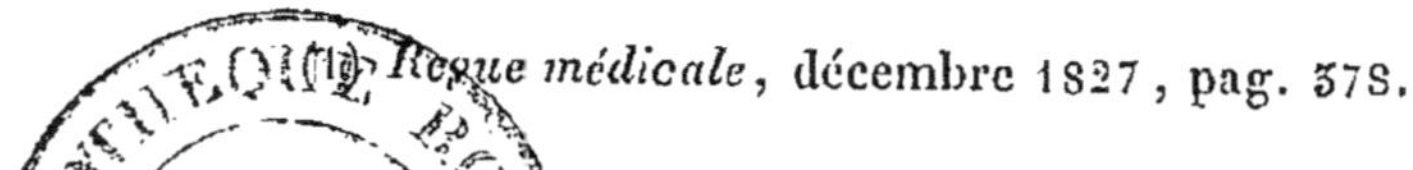

(1) *Revue médicale*, décembre 1827, pag. 578.

baron *Larrey* exprime, dans son rapport à l'Académie, une partie des idées qu'il a développées depuis long-temps dans ses mémoires. Il dit et pose en fait que les fractures du col du fémur, comme celles de tous les autres os de l'économie, peuvent parfaitement se réunir. Il ne craint pas d'établir que si l'on ne trouve pas constamment cette soudure dans toutes les fractures du col du fémur, cela tient à l'inconvenance des moyens curatifs; que c'est là, principalement, la cause des insuccès des Chirurgiens anglais et notamment d'*A. Cooper*. Pour justifier cette manière de voir, et pour faire valoir ensuite l'appareil purement contentif qu'il propose contre ces fractures, il rapporte le fait d'un vieil infirmier dont le cal s'était formé sans résistance à l'âge de quatre-vingts ans et plus (1).

Il est présumable que MM. *Lisfranc* et *Velpeau* ne sont pas contraires à la doctrine de la consolidation; le premier, parce qu'il a obtenu plusieurs guérisons de ces fractures; le second, parce qu'il a fait ressortir, l'un des premiers, l'existence des vaisseaux capables de nourrir le fragment supérieur. Observons, toutefois, que M. *Velpeau* croit la réunion des fragmens réellement impossible chez quelques vieillards.

Outre que l'observation générale ne s'accorde pas avec l'opinion de l'auteur de l'*Anatomie chirurgicale*, nous possédons encore un grand nombre de

---

(1) *Revue médicale*, loc. cit.

faits qui déposent contre elle. Ces faits prouvent qu'il n'est pas en notre pouvoir de déterminer l'époque où il n'est plus permis de compter sur la guérison, et qu'il faut se conduire, dans tous les cas, comme si cette guérison était possible. Ainsi *Lesne* a montré à l'Académie de Chirurgie le fémur d'une femme de quatre-vingt-neuf ans avec une cicatrisation complète des fragmens. *Richerand* parle aussi d'un vieillard âgé de quatre-vingt-trois années, chez lequel la consolidation était fort avancée dans la double fracture qu'offre la pièce qu'il possédait. Le cal s'était aussi formé chez une femme de quatre-vingt-deux ans que *Léveillé* confia aux soins de son confrère *Arnaud Marchais*. La femme qui a fourni à M. *Chélius* la pièce avec consolidation de la tête du fémur, était semblablement fort âgée. Enfin, nous savons que le malade de M. *Larrey*, dont nous avons déjà parlé, était un infirmier âgé de quatre-vingt-quatre ans.

L'observation générale va contre l'opinion de M. *Velpeau*, avons nous dit. En effet, les fractures du col du fémur sont plus fréquentes, chez le vieillard, qu'à aucune autre époque de la vie; et cependant elles s'y consolident. C'est là un fait généralement prouvé. Nous devons à *A. Cooper* et à *Dupuytren* d'avoir signalé un âge de prédilection pour les fractures du col du fémur. *A. Cooper* admet que ces fractures sont rares avant cinquante ans, et le Chirurgien français rapporte qu'elles sont d'autant plus nombreuses qu'on avance davantage vers la vieillesse. Ainsi, dit-il, on les voit tout-à-coup se multiplier vers cinquante et soixante ans ; elles sont encore plus communes de soixante-dix à quatre-vingts ans. Mais si ces fractures assiègent l'extrême vieillesse, et que néanmoins la consolidation ne soit pas absolument impossible, à combien plus forte raison doit-on s'attendre à un bon résultat lorsqu'il s'agit d'un jeune sujet! Il n'y a donc rien à craindre du côté de la consolidation pour M. le *Duc de Bordeaux*.

Dupuytren ne s'est point borné à établir la fréquence des fractures du col du fémur chez les vieillards ; il a voulu aussi, soit dit en passant, donner les raisons anatomiques de ce fait. Ces raisons anatomiques, il les tire de la longueur du col du fémur et de l'ouverture angulaire que le col fait avec le corps de l'os. La fréquence des fractures est, selon lui, en raison directe de la longueur du col et de l'ouverture sus-indiquée. Conséquemment les vieillards sont fort disposés à ces sortes de lésions. La saillie plus prononcée du grand trochanter, l'absence du tissu cellulaire graisseux, la flaccidité et l'atrophie des muscles qui entourent la hanche, la maigreur générale, la surabondance de la matière saline sur la substance organique de l'os, et partant la légèreté bien plus marquée du squelette, voilà tout autant de causes qui expliquent, toujours selon *Dupuytren*, la fréquence des fractures du col du fémur dans l'extrême vieillesse.

A côté de ces raisons anatomiques, dont nous

reconnaissons la justesse, ne pourrait-on pas placer la raison physiologique du fait ? N'est-on pas en droit, par exemple, d'attribuer chez les vieillards la fréquence des fractures en question au défaut d'influence des organes génitaux. Le col du fémur et sa tête, articulés avec le bassin, se trouvent dans la sphère d'activité des organes de la génération. Or, comme ces derniers sont, durant une longue période de la vie, le centre d'une grande activité vitale, n'est-il pas raisonnable de penser qu'une fois cette activité éteinte, les organes voisins qui se trouvaient sous son empire doivent en souffrir? La cessation des appétits vénériens et des besoins de la menstruation entraîne la cessation de tout mouvement fluxionnaire sur les organes qui vivent dans le département de l'appareil génital : alors toutes les parties environnantes languissent ; elles ne sont plus abreuvées de fluides nutritifs et réparateurs. Les os, et particulièrement les fémurs, perdent leur élasticité en perdant leur matière organique ; ils se surchargent de matières salines et deviennent plus fragiles et plus cassans.

A l'appui de cette manière de voir, nous pouvons citer les observations de *A. Cooper* et de *Dupuytren*, qui n'ont vu la fracture du col du fémur devenir réellement fréquente qu'après l'âge de cinquante ans, c'est-à-dire, juste à l'époque où l'activité des organes génitaux est épuisée.

En proportion, les hommes âgés se fracturent le col du fémur moins souvent que les femmes. *Du-*

puytren explique cette différence par la brièveté du col chez l'homme. A cette cause, nous aimerions qu'on ajoutât les suivantes : l'homme, généralement parlant, n'est point sujet, comme la femme, à un flux périodique; il a donc moins à craindre les fâcheux effets d'une suppression complète de ce flux. Son tissu osseux fémoral n'est point privé spontanément des fluides qui allaient le lubrifier et le rendre plus élastique. En sus, chez lui, l'action génératrice ne s'épuise pas aussi vite que chez la femme, il s'opère encore en lui quelqu'effort vital, lorsque cette dernière, parvenue à un certain âge, est tout-à-fait impropre à la procréation (1). Or, cette activité qui persiste plus long-temps chez l'homme, et qui s'irradie quelque peu sur ses fémurs, peut bien, jusqu'à un certain point, lutter avec avantage contre les causes fructurantes de ces derniers.

D'ailleurs, il est d'observation qu'il faut une assez forte dose de concentration vitale, pour obtenir la cicatrisation osseuse des fractures. *Fabrice de Hilden* croyait l'état de grossesse capable de détourner l'attention vitale de la formation du cal. *Léveillé* a fort bien dit que les affections dartreuses et scrophuleuses rendaient aussi le cal presque im-

(1) La coïncidence que nous cherchons à établir entre la disparition des menstrues et la fréquence des fractures du col du fémur, chez la femme, ne saurait exister d'une manière aussi rigoureuse pour les femmes du midi, lesquelles, selon *Montesquieu*, sont nubiles, dans les climats chauds, à huit, neuf et dix ans, et vieilles à vingt. *Esprit des Lois*, liv. XVI, chap. 2.

possible. Après cela, il n'y a plus à douter que la force vitale ne soit susceptible de quelque distraction : occupée ailleurs, elle perd de vue la partie fracturée, et les fragmens restent mobiles faute de cal. Lors donc que l'appareil génital ne fonctionne plus et que les parties voisines cessent d'en recevoir l'influence, les fémurs, privés de la force de résistance dont ils étaient capables, sont plus disposés aux fractures, ce qui est conforme à l'opinion que nous avons hasardée. Mais hâtons-nous d'abandonner cette digression pour reprendre le fil de notre histoire.

La fracture du col du fémur peut guérir à l'aide d'un cal véritablement osseux. La raison et l'observation s'accordent ensemble pour établir cette vérité désormais incontestable. Jusque là nous ne sommes pas autorisés à porter un pronostic fâcheux sur cette fracture. Ce serait donc une bonne fortune si nous pouvions prouver approximativement que la fracture du Prince exilé est du genre *intra-cap-sulaire*.

Henri de Bourbon étant présentement âgé de vingt-et-un ans, le col du fémur, chez lui, ne peut avoir acquis, en longueur, tout le développement dont il est susceptible. En conséquence, la tête n'étant pas encore fort éloignée du corps de cet os, si la chute a eu lieu sur le grand trochanter, il est indubitable que le choc reçu par cette éminence, a dû être transmis directement et en plein à la tête de l'os plutôt qu'au col. C'est donc sur la tête et non point sur le col du fémur que la fracture s'est très-probablement opérée. Ce n'est pas, cependant, que la chute sur le grand trochanter ne puisse produire aucune autre espèce de fracture, celle du col, par exemple, et même de la partie supérieure du corps fémoral : loin de nous cette idée trop exclusive! Mais dans la chute sur la hanche, la fracture a son siège, selon *Dupuytren*, le plus souvent immédiatement au-dessous de la tête, à la partie supérieure et interne du cal, c'est-à-dire en dedans de la capsule (1). Ainsi, la nature de la cause efficiente, la disposition anatomique des parties et l'autorité d'un grand Chirurgien, tendent à faire admettre chez M. le *Duc de Bordeaux* une fracture *intra-capsulaire*.

Cela n'a rien qui doive surprendre. Toute personne qui raisonne d'après l'anatomie, peut se convaincre de plus en plus qu'une chute sur le grand trochanter n'est point une condition, *sine quà non*, de fracture *extra-capsulaire*. Celle-ci résulte plutôt d'une chute sur la plante des pieds ou les genoux que sur la hanche. Le col du fémur, formant avec cet os un levier coudé, ce levier se brise lorsque le poids de tout le corps et la résistance du sol tendent à se croiser sur quelqu'un de ses points. Or, c'est là précisément ce qui arrive dans la chute sur la plante des pieds ou sur les genoux. Alors, et le plus ordinairement, la fracture siège en dehors de la capsule, ou bien partie en dedans

---

(1) *Leçons orales*, loc. cit.

ét partie en dehors. Alors il peut s'ensuivre plus facilement des désordres dans les parties molles. En effet, les fractures en bec de flûte entraînent le déchirement des ligamens, de la capsule articulaire, de la membrane synoviale, etc., par l'écartement presque inévitable des deux fragmens. Tandis que la chute sur la hanche se lie de préférence à la fracture ou au décollement de l'apophyse, grand trochanter, au brisement en éclats ou en rayons de la tête du fémur, le col étant resté tout-à-fait intact (1).

Mais si la fracture de M. le *Duc de Bordeaux* est du genre *intra-capsulaire*, nous savons déjà que cette fracture se consolide très-facilement, surtout chez les jeunes sujets. Nous savons semblablement que nous n'avons rien à craindre du côté de la claudication, attendu que la coaptation des fragmens est toujours exacte, régulière, à moins d'une complication (fracture ou décollement du grand trochanter, enfoncement de la cavité cotyloïde, etc.) qui, nous aimons à le croire, ne s'est point développée chez *Henri de France*. Ce rapport exact des fragmens qui s'oppose à toute claudication ultérieure, dépend de la résistance du ligament capsulaire. Ce ligament maîtrise, pour ainsi dire, les deux fragmens, et empêche leur écartement : le cal se forme alors sans obstacle et partant sans difformité. *Richerand* avait parfaitement reconnu l'importance de la capsule articulaire, quand il

(1) *Dupuytren, Leçons orales*, loc. cit.

pensait que c'est à la rupture complète de ce repli ligamenteux que doit être attribuée la non-consolidation de cette fracture, dont aucune cause apparente ne semblerait devoir contrarier la guérison (1). La confiance du baron *Larrey*, en cette capsule, est digne de remarque : « Nous ajouterons, dit-il, par rapport à la facilité et à la promptitude de la formation du cal dans cette fracture du col du fémur, que les vaisseaux de cette branche osseuse se développpent promptement, et que la *disposition* de la *capsule articulaire*, comme celle de toutes les parties ambiantes, concourent à fixer les pièces fracturées en rapport..... (2). » Dans son fameux ouvrage des maladies chirurgicales, *Boyer* tient le même langage relativement à l'importance de cette capsule fibreuse.

Le pronostic de la fracture *intra-capsulaire* que nous avons vu favorable jusqu'à présent, le devient encore davantage si cette fracture rentre dans la catégorie de celles que *A. Cooper* a déclarées parfaitement curables. Sont de ce nombre, les fractures transversales, celles à la fois *intra* et *extra-capsulaires*, celles, enfin, dont les surfaces irrégulières et couvertes d'aspérités s'engrènent et se maintiennent réciproquement en rapport. Quand la fracture existe avec cette dernière particularité, il y a souvent absence de plusieurs signes pathognomoniques.

(1) *Nosographie chirurgicale*, tom. II, pag. 95.

(2) *Revue médicale*, loc. cit.

Ainsi point de raccourcissement du membre, crépitation très-obscure; les malades peuvent même se relever et gagner le logis, comme l'ont certifié *Sabatier*, *Boyer* et *Dupuytren*, d'après leur propre expérience. Lorsqu'on suppose avoir affaire à une semblable fracture, on doit bien s'appliquer à ne pas déranger les fragmens, parce qu'ensuite on aurait toutes les peines du monde à les remettre en place. Au demeurant, ce cas n'est point défavorable, puisque l'accident le plus fâcheux manque presque toujours. « Alors, dit *Léveillé*, il n'y a pas de *raccourcissement*, et les surfaces fracturées ne s'abandonnent pas, tant elles sont exactement engrenées (1). »

Nous venons de discuter les faits de fracture simple du col du fémur. Nous avons pu admettre, avec plus ou moins de vraisemblance, que l'accident de M. le *Duc de Bordeaux* se rapportait à ces faits. Il nous reste à parler de quelques complications qui surviennent à ces fractures, et peuvent, jusqu'à un certain point, en compromettre la guérison. Ces complications consistent dans l'enfoncement de la cavité cotyloïde, dans la brisure des os, des fibro-cartilages de revêtement et d'encroûtement, dans la rupture des ligamens orbiculaires et intra-articulaires, dans la déchirure de la membrane synoviale, voire même des muscles environnans : mais fort heureusement ce n'est pas par la chute sur

---

(1) *Nouvelle doctrine chirurgicale*, loc. cit.

le grand trochanter qu'elles sont produites le plus ordinairement. *Dupuytren* a vu l'enfoncement de la cavité catyloïde suivre la chute sur la plante des pieds, et nous savons que c'est encore ce genre de chute et les coups de feu qui opèrent les désordres des parties molles sus-indiquées (1). Les cas ordinaires étant les chutes sur la hanche, les fractures qui en résultent sont rarement compliquées. C'est sans doute à cause de cette rareté que *Léveillé* a pu dire : « Le pronostic de ces fractures n'est point fâcheux. J'en ai observé un très-grand nombre, et on n'a rien eu à craindre de l'inflammation locale. Sur un seul fait, *Morgagni* a redouté la gangrène, les convulsions du membre, l'œdème et une fièvre lente mortelle (2). » *Boyer* avait parfaitement reconnu aussi que la fracture du col du fémur est rarement compliquée de plaie, à moins qu'elle ne soit produite par un coup de feu (3).

D'ailleurs, l'admission d'une fracture avec complication, chez *Henri de Bourbon*, ne devrait aucunement faire renoncer à une guérison satisfaisante. En effet, une fracture du col du fémur, compliquée de la déchirure des parties molles, doit entraîner l'inflammation et la suppuration de ces parties. Ces deux derniers phénomènes pathologiques peuvent retarder, entraver même la formation du cal. Mais

(1) *Leçons orales*, loc. cit. Voyez aussi M. *Gerdy*, Traité des bandages, p. 378.

(2) *Nouvelle doctrine chirurgicale*, loc. cit.

(3) *Maladies chirurgicales*.

il y a loin de là à une incurabilité infaillible, ou à une guérison avec raccourcissement du membre. La consolidation d'une fracture compliquée peut se faire long-temps attendre, sans être pour cela réputée impossible. Ensuite, il n'est pas rationel d'inférer qu'un individu quelconque sera inévitablement boiteux, de ce que, après une fracture compliquée, il reste, dans le membre un peu de raideur, un peu de gêne dans les mouvemens, au point de simuler une véritable claudication. Ces désordres ne sont jamais que temporaires. On n'est point surpris de leur apparition quand on connaît le mécanisme de la fabrication du cal, dans ces sortes de fractures.

A part la virole externe que produit le périoste; à part la cheville interne, qui ferme le canal médullaire, comme le ferait un bouchon; à part le travail de réunion qui s'opère entre les fragmens eux-mêmes (1); à part tous ces phénomènes qui accompagnent toujours les fractures simples, il y a à tenir compte encore, dans les fractures compliquées, du travail des bourgeons charnus. Ce travail est même tel, qu'il forme la base de la cicatrice. *Bichat* croyait à la transformation des bourgeons charnus en cartilage et en os. De là, trois périodes que ce grand Anatomiste avait admis dans la théorie du cal. Mais il paraît, d'après M. *Blandin*, que les bourgeons charnus sont moins susceptibles de se trans-

____

(1) Opinion de *Béclard.*

former que la matière qu'ils sécrètent (1). Quoiqu'il en soit de ces deux opinions, toujours est-il qu'une fracture compliquée du col du fémur est suivie d'une grande gêne dans les mouvemens du membre, malgré la réunion très-solide des fragmens; parce que les parties molles qui entourent la fracture participent à la formation du cal, et font corps, pour ainsi dire, avec l'os. Mais à mesure que la virole la plus extérieure se résout et finit par ne plus être sensible à travers les tissus, l'individu récupère peu à peu tous ses mouvemens. D'où l'on déduit la nécessité de ne pas se prononcer hâtivement sur le sort des fractures compliquées du col du fémur. En général, ce n'est pas après la levée immédiate des appareils que l'on peut pronostiquer sur ces fractures : il faut attendre la résolution du cal.

§ II.

Nous passons maintenant au deuxième cas, celui de la fracture *extra-capsulaire*. Ce cas renferme implicitement le problème du raccourcissement du membre.

On a dit que ce raccourcissement était la suite inévitable de toute fracture *extra-capsulaire*. La

(1) *Anatomie générale*, loc. cit.

raison et l'autorité scientifique ont été invoquées tour-à-tour à l'appui de cette opinion. Nous allons user des mêmes moyens pour démontrer le contraire.

Ce n'est point sur le défaut des vaisseaux sanguins, ni sur l'absence du périoste, ni sur la non-formation du cal que les Chirurgiens se sont rejetés pour nier la guérison, exempte de difformité, de la fracture du col du fémur, siégeant en dehors de la capsule articulaire. Ils ont fait dériver tous les motifs de leur négation, de la mobilité des fragmens osseux. Selon eux, la puissance musculaire qui agit sur le fragment inférieur est trop énergique pour être neutralisée par les moyens chirurgicaux connus. Selon eux, il n'est pas possible d'opérer sur le fragment supérieur qui est abandonné à lui-même et flotte dans tous les sens. Selon eux, le moindre mouvement peut déranger le rapport des deux fragmens. Selon eux, enfin, il est absolument impossible d'obtenir l'immobilité complète du bassin. Il est donc inutile, disent-ils, d'attendre un cal régulier et par suite une guérison sans claudication plus ou moins forte.

On ne peut disconvenir que la guérison dont il s'agit ne soit très-difficile. Il faudrait être de mauvaise foi, ou étranger aux moindres notions chirurgicales, pour n'être pas de cet avis. Mais ce serait un vice de logique de conclure d'une difficulté à une impossibilité absolue. Un seul fait bien établi suffirait pour renverser cette doctrine. Or, la science possède aujourd'hui un grand nombre de ces faits, lesquels ayant leur raison d'être, peuvent se reproduire un plus grand nombre de fois. Car il n'y a pas de raisons pour qu'après avoir obtenu un succès complet à la suite d'une fracture *extra-capsulaire* du col du fémur, on ne puisse étendre de beaucoup ce résultat.

Tout Chirurgien qui raisonne sans passion, reconnaît qu'une fracture du fémur, située en dehors de la capsule, peut, dans un grand nombre de cas, guérir sans raccourcissement du membre. Le col du fémur, situé transversalement entre la tête et le corps de cet os, affecte une direction presque perpendiculaire à ce dernier. L'angle qui résulte de cette rencontre du col avec le corps du fémur, se rapproche d'autant plus de l'angle droit, que l'individu est plus avancé en âge. Une fracture qui portera sur la partie *extra-capsulaire* de ce col, tendra donc plutôt à élargir ou à rétrécir l'ouverture angulaire qu'à diminuer la longueur du fémur. Cette diminution de longueur n'est concevable que lorsque les deux fragmens chevauchent l'un sur l'autre (1). Alors la portion d'os qui sépare la tête du fémur du corps de l'os, étant réellement moindre, le membre fracturé doit nécessairement se raccourcir dans une proportion correspondante. Mais comme sur un sujet qui n'est pas surchargé d'embonpoint,

(1) Le chevauchement se conçoit de deux manières différentes ; ou l'un des fragmens est antérieur et l'autre postérieur, ou bien l'un est supérieur par rapport au second qui devient inférieur.

il est aisé de constater le chevauchement à travers les parties molles, on pourra éviter très-fréquemment la difformité qui en résulte.

Si les fragmens, au lieu de chevaucher, n'étaient juxta-posés que par une partie de leur circonférence, un cal difforme, un rétrécissement de l'ouverture angulaire et même un faible raccourcissement du membre en seraient les suites rigoureuses. C'est même là ce qui arrive assez souvent : ce qui ne doit point inquiéter, lorsqu'on sait que le raccourcissement n'est alors que de quelques millimètres, et qu'à l'aide d'un talon élevé on peut rendre la claudication imperceptible à l'œil le plus attentif. En outre, les accidens que nous venons de signaler accompagnent les fractures en rave, c'est-à-dire celles dont le déplacement des fragmens est fortement favorisé par la disposition des surfaces fracturées. Mais nous savons qu'il y a aussi des fractures obliques du col du fémur, et même des fractures avec aspérités, qui ne se prêtent pas aussi bien au déplacement dont nous parlons.

Dans les fractures obliques, les deux fragmens, en se prêtant mutuellement un point d'appui, permettent une coaptation exacte et disposent à la formation d'un cal très-régulier. Dans les fractures rugueuses, où les deux fragmens sont engrenés l'un dans l'autre, on peut se promettre semblablement un bon résultat, si l'on a eu le bonheur de faire primitivement une bonne réduction. Ainsi, dans ces deux circonstances, l'on est en droit d'attendre une guérison tout-à-fait satisfaisante. Non-seulement il n'y a pas à craindre la claudication, mais encore le cal étant parfaitement régulier, il devient difficile, géométriquement parlant, de distinguer un fémur ordinaire d'un fémur qui a été fracturé. En sorte que, sans invoquer les preuves de fait, nous pourrions déjà détruire le défi de *Delpech* et de ses partisans, soit qu'il s'agisse, dans ce défi, de la longueur du membre, soit que le grand Chirurgien de Montpellier n'eût en vue que la difformité produite par le cal.

Eh! qu'on ne croie pas qu'il y ait de l'exagération dans cette dernière opinion. D'autres que nous l'ont émise en s'appuyant sur des faits incontestables. Naguère, encore, M. *Velpeau* ayant à répondre à un défi (1), s'exprimait de manière à faire comprendre que *Pibrac* (2) et *Delpech* seraient aujourd'hui fort embarrassés de leurs propositions (3). Quand ce passage de la *Gazette des Hôpitaux* nous est arrivé, nos idées, sur la possibilité de guérir

(1) Le défi auquel M. *Velpeau* a eu à répondre avait été porté par M. *Malgaigne*, à l'occasion des étranglemens herniaires. Il est à regretter que ces deux Chirurgiens ne reconnaissent pour causes d'étranglement que l'inflammation et l'engouement des parties herniées, et qu'ils s'acharnent à ne voir pour ennemis que le collet du sac, ou l'anneau aponévrotique. *Richter* et *Callisen* ont admis un étranglement par spasme. Des faits bien observés, ont aussi démontré à M. *Lordat* l'existence, dans les intestins, d'un spasme dilatatoire, lequel peut être cause d'étranglement. (*Nouvelles remarques sur les hernies abdominales.*)

(2) *Pibrac* défiait qu'on lui montrât une rotule osseusement réunie.

(3) *Gazette des Hôpitaux*, 1842, n° 52, tome IV.

une fracture du col du fémur, sans raccourcissement du membre, étaient parfaitement arrêtées.
Nous regardions déjà le défi de *Delpech* comme un
fait purement historique. Nous ne pensions pas que
dans l'état actuel de la science, on pût l'invoquer
sérieusement. Aussi, combien avons-nous été agréa-
blement surpris de voir notre idée confirmée par
le Chirurgien de la Charité!...

Cependant il faut avouer que si le défi de *Delpech*
ne portait que sur la difformité résultant de la disposition vicieuse ou irrégulière du cal, ce défi aurait
encore beaucoup de valeur; il ne pourrait être
renversé que par quelques exceptions rares. Car il
y a peu de fractures qui ne laissent, après la consolidation, une difformité suffisamment appréciable.
Heureusement un os peut être difforme, c'est-à-dire
inégal, raboteux et même plus volumineux que
dans l'état normal, sans rien perdre pour cela de
sa longueur. Pour nous, c'est l'essentiel. Il nous
importe peu de savoir si, après une fracture *extra-*
capsulaire consolidée, le col du fémur est aussi
lisse, aussi poli qu'avant l'accident. Mais ce qui
nous intéresse, c'est qu'il n'y ait point de raccourcissement. Or, ce résultat est possible; la raison
le démontre et les faits le prouvent.

La difformité du cal n'influe point sur la longueur
du membre, avons-nous dit; cette longueur n'étant
sensiblement diminuée que par le chevauchement
des fragmens, ou par une juxta-position inexacte.
Mais cette difformité peut gêner les divers mouve-

mens de la cuisse. Une virole par trop volumineuse ou par trop irrégulière doit s'opposer à la flexion de la cuisse sur le bassin et *vice versâ*, et embarrasser semblablement la rotation du membre. Si les deux fragmens n'ont pas été exactement affrontés, il peut aussi en résulter une déviation latérale; le pied se tourne en dehors, et la base de sustentation n'est plus la même pour l'individu. Dans tous ces cas, la guérison laisse à désirer quoique le raccourcissement du membre n'y soit pour rien, comme on le voit. Ce raccourcissement n'est donc pas lié d'une manière insépapable à toute consolidation *extra-capsulaire*. Il peut manquer très-souvent : il y aurait erreur de le méconnaître; et si nous admettons chez *Henri de Bourbon* une fracture *extra-capsulaire*, il y aurait prévention ou passion à soutenir que cette fracture n'a pu guérir, chez lui, qu'avec claudication (1).

Ce résultat malheureux serait d'autant plus incompréhensible, que le Prince s'est trouvé dans les conditions les plus favorables à une guérison complète. Son âge est celui où le cal se forme le plus vite; son tempérament lymphatico-sanguin le met à l'abri de la contracture musculaire et de tous les accidens spasmodiques engendrés, le plus souvent, par un tempérament nerveux, mobile et irri-

---

(1) La supposition, dans le premier paragraphe, d'une fracture *intra-capsulaire*, chez M. le *Duc de Bordeaux*, ne doit pas nous empêcher de faire essai d'une supposition contraire. On est plus sûr de son fait, quand on a épuisé les diverses faces d'une question.

table. Le courage et la noble résignation dont il a fait preuve, lui ont rendu légères les douleurs qui suivent toujours ces fractures. Sous ce rapport, il ne l'a point cédé à ce général, célèbre dans les fastes de la révolution française, dont parle *Richerand*, lequel avait supporté, pour une fracture du col du fémur, l'application de la machine de *Boyer*, malgré les plaies profondes faites par la bande de contre extension et par la courroie qui passe au-dessus du cou-de-pied. La fermeté stoïque de ce personnage fut admirable (1). On rapporte que *Henri de France* a fait preuve, dans le cours de sa maladie, non-seulement de résignation et de constance inébranlable, mais même d'une sorte de gaîté. Enfin, l'habileté des médecins et la parfaite convenance de la méthode thérapeutique qu'ils ont adoptée, sont encore un sûr garant de succès.

Nous voici maintenant en présence des preuves de fait. On dirait que dans l'appréciation des faits, relatifs à la claudication, considérée comme suite inévitable des fractures consolidées du col du fémur, les Chirurgiens s'en sont moins rapportés à leur propre expérience qu'à celle d'autrui. C'est moins par eux qu'ils ont jugé que d'après les autres : moyen infaillible d'accréditer l'erreur ! A force de répéter qu'une chose est impossible, parce que telle ou telle autorité chirurgicale aura soutenu cette thèse, on finit par mouler le vulgaire médical à cette croyance,

_____

(1) *Nosog. chirurg.*, loc. cit.

et on l'expose ainsi à recevoir, sans examen, une opinion quelqu'erronnée qu'elle soit. Sans croire, avec *Montaigne*, que *l'autorité peut seule envers les communs entendemens*, nous ne sommes pas disposés, cependant, à donner place aux idées qui n'ont pas été soumises préalablement au creuset de la raison et de l'observation (1). Une doctrine est

(1) *Essai de Montaigne*, liv. III, chap. XIII.

Le besoin que l'on éprouve de s'affranchir quelquefois de la tutelle du maître, ne doit pas empêcher de nous prémunir contre ce travers de l'esprit, qui nous porte à oublier les observations de nos prédécesseurs dans la science. Le véritable mérite, selon nous, consiste à se tenir entre ces deux extrêmes. On pèche par excès comme par défaut de croyance. La chirurgie se roule assez souvent entre ces deux alternatives. Ici on croit toujours le maître sur parole, là on ne le croit jamais. Pour les uns, il n'y a que les livres anciens qui aient de la valeur ; selon les autres, tout est à refaire.

Bien des fois l'incrédulité n'est entretenue dans les esprits que par l'impossibilité où l'on est de donner ou de recevoir une explication satisfaisante. Mais outre que nous sommes généralement fort embarrassés quand il s'agit de la raison d'être des choses, il y a quelquefois des vérités d'expérience qui sont réfractaires à toute théorie. Entre les hommes qui disent une chose et la nature qui en dit une autre, il vaut mieux croire la nature. Voici un exemple.

Dans le temps la majorité des Chirurgiens déclara impossible la rotation du membre en dedans, après une fracture du col du fémur. L'anatomie ne pouvait pas expliquer ce fait. Il paraissait plus naturel de le nier. Par ce moyen on fermait les yeux sur plusieurs observations consignées dans l'histoire, ou bien l'on accusait d'erreur ceux qui les avaient faites. *Louis* était si convaincu, à cet égard, qu'il cherchait à interpréter à sa manière le passage d'*A. Paré* ; il accusait *J.-L. Petit* d'avoir déféré à l'autorité de ce dernier, et *Desault* d'avoir été mal copié par *Bichat*. Mais comme depuis *Paré*, *J.-L. Petit* et *Desault*, *Roux*, *Dupuytren*, *Richerand* et *A. Cooper* ont fait la même observation, il n'est plus possible d'élever le moindre doute

toujours fausse quand elle ne repose pas sur ces dernières bases. Mais nous venons de voir que le raisonnement était contraire à la doctrine du raccourcissement; cette doctrine sera donc fortement ébranlée, sinon renversée, si nous parvenons à prouver que l'expérience va aussi contre elle. Car l'expérience n'étant que le résultat de l'observation séculaire et exacte des faits, il devient impossible

sur l'existence de ce fait. Aujourd'hui les Chirurgiens s'efforcent d'en donner des explications plus ou moins lumineuses.

Il y a une liaison intime entre l'autorité scientifique que commande le maître et l'autorité morale qu'il a sur le cœur de ses élèves. Lorsque l'une de ces autorités faiblit, l'autre s'en ressent plus ou moins. C'est ce qui nous explique ces exemples d'insubordination que nous voyons trop souvent éclater dans les écoles; exemples contre lesquels nous protestons, parce qu'ils tendent à ne montrer dans l'autorité qu'un jeu, qu'un vain mot.

Dernièrement, la Faculté de médecine de Montpellier a vu avec douleur ses élèves se porter à des excès, et oublier tout-à-fait les égards dûs à un professeur dont le seul tort est d'avoir trop de mérite. Les Médecins qui se sont familiarisés avec le cours de pathologie générale, savent que les idées qu'on y développe sont très-souvent neuves et hardies, toujours substantielles et constamment médicales. L'homéopathie n'a jamais formé que la partie accessoire de ce cours. La nature de cette chaire étant d'approfondir toutes les doctrines, toutes les théories, tous les systèmes connus, ce serait un oubli grave si le professeur ne disait mot de l'homéopathie, doctrine qui vient de naître, et dont le sort est encore incertain. Cependant c'est parce que le maître est homéopathe que les élèves ont crié.

Lorsqu'on voit des esprits sérieux formuler, au XIXe siècle, un acte d'accusation de cette nature, contre un professeur éminemment capable, on ne sait plus à quel sentiment de l'âme il convient de faire appel. On a beau chercher, on ne trouve dans le cœur que pitié ou mépris.

La presse médicale, égarée ou séduite, venant à l'aide de toutes ces turpitudes, laisse percer son hypocrisie ou ses lâches complaisances.

de résister à son autorité, quand une fois elle est bien établie.

Nous trouvons dans les *Aphorismes de chirurgie* de *Boërhaave*, commentés par *Van-Swieten*, quelques vérités axiômatiques généralement admises depuis *Hippocrate*. Il est question des accidens communs aux fractures des membres, et l'on dit : *Il n'y a aucun danger quand les os sont rompus dans le milieu : mais plus la fracture est proche de leur extrémité supérieure ou inférieure, plus elle est mauvaise ; car elle cause alors de plus grandes douleurs et est plus difficile à guérir* (1). La fracture est plus grave à l'extrémité supérieure de l'os qu'à l'inférieure (2). Il est d'observation « que lorsque l'os de la cuisse est rompu proche l'articulation de la hanche, il est presque impossible qu'une telle fracture soit guérie sans que le blessé boite, au lieu que si c'est au milieu ou proche du genou que le même os est rompu, un Chirurgien adroit le guérit sans qu'il y paraisse (3) ».

Nous ne garantirions pas que ces diverses sentences n'aient influé sur l'esprit des Chirurgiens modernes. Nous croirions plutôt que beaucoup d'entr'eux, et notamment *Delpech*, ont réglé quelque peu sur elles leur opinion touchant la fracture

(1) *Aphorismes de chirurgie*, § 202.

(2) Cette opinion est empruntée aux *Aphorismes de Boërhaave*, qui s'autorise lui-même du témoignage d'*Hippocrate*.

(3) Nouvel emprunt aux *Aphorismes*, qui ne parlent eux-mêmes que d'après *Hildan*.

du col du fémur. S'il en est ainsi, il est fâcheux qu'ils n'aient pas imité jusqu'au bout la sagesse et la réserve de quelques anciens.

Hippocrate, quoique convaincu de la gravité des fractures à l'extrémité supérieure du fémur, ne s'est point laissé rebuter. Il paraît même que le résultat le plus ordinaire de sa pratique était de guérir souvent sans raccourcissement du membre. Jugeons-en par ses propres paroles. « C'est une grande honte, dit-il, et un désagrément fâcheux, qu'une cuisse reste courte... Une cuisse courte ne peut se cacher, parce que l'homme en devient boiteux (1). »

Nous avons vu, il est vrai, dans notre premier paragraphe, un passage de *Celse* qui infirme l'autorité du père de la médecine. Mais cela doit peu inquiéter, lorsqu'on sait que le Médecin romain a été accusé de n'avoir jamais pratiqué (2), lorsqu'on sait surtout combien était défectueux le moyen thérapeutique dont il faisait usage (3).

---

(1) *Encyclopédie des Sciences médicales*, directeur *Bayle*; OEuvres *d'Hippocrate*, p. 206.

(2) Depuis que M. *Kühnholtz* a publié son savant éloge de *Celse*, il n'est plus possible d'avoir cette opinion.

(3) Après la réduction de la fracture, *Celse* plaçait le membre dans une espèce de gouttière qui prenait à la plante du pied et qui devait s'étendre jusqu'à la hanche et même la renfermer, selon que la fracture siégeait à la cuisse ou aux environs de la tête du fémur. Voici ses propres paroles, qui prouvent en même temps que cet auteur avait parfaitement connu la fracture qui nous occupe.

« *Commune verò ei (cruri) femorique est quod, ubi deligatum est,* » *in canalem conjiciendum est. Is canalis et ab inferiori parte foramina* » *habeat, per quæ si quis humor excesserit, descendat; et à plantâ*

Paul d'Égine, à qui *Léveillé* a attribué, à tort, nos premiers détails sur la fracture du fémur, près de sa tête, *Paul d'Égine* ne paraît pas s'être prononcé en faveur du raccourcissement (1). *Avicenne* s'est exprimé aussi avec beaucoup de réserve. *Scias quòd illi quorum coxa et ancha sunt fractæ, parum denudantur à claudicatione.* Ce passage n'indique pas que la claudication soit absolument inévitable.

Fabrice de Hilden, dont les idées sont généralement contraires à la thèse que nous soutenons, avait soigné cependant une jeune fille dont la fracture du col du fémur, bien contenue pendant seize jours, se déplaça le dix-septième, fut ensuite mise dans un appareil particulier, et se consolida sans laisser la plus légère difformité : *ut ne minima quidem deformitas, multi minus claudicatio ulla remanserit* (2).

L'opinion que *Van-Swieten* a prêtée à *Boërhaave*, dans les *Aphorismes de chirurgie*, aurait dû servir de règle aux autres Chirurgiens venus après : « tous les Chirurgiens s'accordent à dire qu'il est

» *moram quæ simul et sustineat eam, et delabi non patiatur; et à la-*
» *teribus cava per quæ, loris datis, mora quidem crus femurque, ut*
» *collocatum est, detineat.* Esse etiam is debet à plantâ, si crus frac-
» tum est, circa poplitem ; si femur, usque ad coxam ; si juxta supe-
» rius caput femoris, sic, ut ipsa quoque coxa insit. « *De re medicá,* lib. VIII, cap. 1 , sect. ix., édit. *Pariset.*

(1) La note qui précède prouve que *Paul d'Égine* n'a pas été le premier à connaître les fractures qui se font près de la tête du fémur. Il paraît aussi qu'*Hippocrate* n'est point resté tout-à-fait étranger à cette connaissance.

(2) *Doctrine chirurgicale*, tom. II, loc. cit.

rare que l'on guérisse d'une fracture de l'os du fémur, sans demeurer boiteux, lorsqu'elle est à la partie supérieure proche de la hanche.... (1). »

On trouve dans le *Traité des maladies des os* de J.-L. Petit, l'histoire d'une guérison complète de fracture au col du fémur. « Quelqu'un, dit ce célèbre Chirurgien, qui n'avait pas lu *Ambroise Paré*, ayant été mandé pour une fracture du col du fémur, et l'ayant pris pour une luxation, se mit en devoir d'en faire la réduction ; et lorsqu'il crût avoir réduit l'os, il se contenta de faire un bandage simple pour le retenir. Les vives douleurs que le blessé ressentit après cette prétendue réduction, le firent douter de son état, et l'engagèrent à m'appeler à son secours. Celui qui l'avait pansé m'ayant assuré que le fémur avait été démis, et la cuisse malade me paraissant plus courte que l'autre, je jugeai d'abord que la luxation n'était point réduite. L'appareil étant défait, je sentis le grand trochanter quatre doigts plus haut qu'il ne devait être, ce qui, joint à ce que la pointe du pied et le genou étaient tournés en dedans, me fit croire que l'os était luxé en haut et en dehors ; mais ayant pris le pied, j'en tournai la pointe en dehors sans résistance, et je reconnus par là qu'il y avait fracture au col du fémur : j'en fis la réduction, j'appliquai un appareil convenable, et le blessé fut parfaitement guéri sans boiter (2). »

(1) *Aph. de chirurg.*, loc. cit.

(2) *Traité des maladies des os*, tom. II, p. 175.

L'un des savans élèves de *Desault*, *Léveillé*, dont l'ouvrage n'est pas assez lu, avait vu dans la vaste pratique de son maître un grand nombre de faits de la nature de ceux qui nous occupent. Nulle part, cependant, il ne déclare la claudication absolument inévitable. Il se borne à établir qu'il est *très-rare* de ne pas voir boiter les malades guéris d'une fracture du col du fémur.

Richerand a cru long-temps à la guérison complète des fractures du col du fémur. Ce Chirurgien ne paraît avoir changé d'opinion qu'à l'occasion du défi de *Delpech* (1). Un Parisien se croirait déshonoré de se voir devancer par un professeur de Montpellier. On lit néanmoins dans la *Nosographie chirurgicale* de cet auteur, l'histoire d'un fermier, qui, après sa guérison, pût monter à cheval, vaquer à toutes ses affaires, etc., et dont la cure ne fut traversée par aucun accident.

C'est sans raison qu'on a invoqué l'autorité de *Dupuytren* en faveur de la doctrine du raccourcissement. Ce grand Chirurgien a obtenu un trop grand nombre de succès complets, pour qu'il soit permis de l'ignorer plus long-temps. On trouve dans les *Leçons orales* qu'un malade de cinquante-huit ans fut montré aux élèves, et qu'on pût se convaincre qu'il n'existait chez lui ni raccourcisse-

(1) *Richerand* s'est rendu quelque peu célèbre par ses *Palinodies médicales*. Le professeur *Serre* a prouvé, dans son excellent *Traité de la Réunion immédiate*, que l'auteur de la *Nosographie chirurgicale* avait su modifier ses opinions suivant une foule de circonstances.

ment , ni déviation. Encore quelques jours, dit *Dupuytren*, et il sera impossible de dire, si on ne le sait d'avance, que l'un des membres inférieurs a été fracturé. Les Éditeurs de cet homme célèbre continuent ainsi : « Cette observation serait un » argument irréfragable contre l'opinion de ceux » qui avaient pensé et écrit que la consolidation » des fractures du col du fémur, sans raccourcisse- » ment, est impossible, *si déjà depuis long-temps* » *M. Dupuytren n'avait résolu la question par des* » *faits multipliés.....(1).* » Nous prions le lecteur de peser ces dernières paroles.

En 1825, le professeur *Velpeau* publia, dans son *Anatomie chirurgicale*, qu'il avait vu, chez M. le docteur *Thierry*, une pièce qui aurait certainement pu prétendre aux 2,000 fr. proposés par le professeur de Montpellier (2). En 1842, ce Chirurgien est encore venu déclarer, dans la *Gazette des Hôpitaux*, que *Delpech* serait aujourd'hui fort embarrassé de sa proposition.

M. *Chélius*, professeur à Heidelberg, croit à son tour que le raccourcissement ne peut être reconnu, quand il existe, que par un examen minutieux au moment de la marche, et qu'on peut toujours remédier à la claudication à l'aide d'un talon plus élevé. Ailleurs, le même auteur a établi, que chez

(1) *Leçons orales*, tom. II, loc. cit.

(2) *Delpech* s'était engagé à compter une somme de 2,000 fr. à celui qui lui montrerait un fémur guéri d'une fracture du col, sans la moindre difformité.

les personnes même très-âgées la guérison peut être complètement obtenue à l'aide de la machine de *Hagedorn*. Ce que l'expérience des autres et la sienne propre lui ont démontré (1).

Enfin, M. *Lisfranc*, à qui *Delpech* et *Dupuytren* ont légué le sceptre de la chirurgie française, nous assure avoir guéri un grand nombre de fractures du col du fémur, sans qu'il en soit résulté la moindre claudication. Ce sont, dit-il, des faits incontestables, et rien ne peut résister à la brutalité d'un fait (2).

Après tous ces témoignages, est-il permis d'avoir encore le moindre doute? Pouvons-nous maintenir un seul instant le défi de *Delpech?* Y aurait-il du bon sens à défendre cette assertion, hasardée tout récemment dans un ouvrage de chirurgie, et reproduite par la *Clinique de Montpellier?* « Jamais on n'a obtenu une guérison tout-à-fait exempte de raccourcissement dans la fracture *extra-capsulaire.*» Doit-on surtout s'autoriser de ces dernières paroles pour déduire que M. le *Duc de Bordeaux* sera boiteux? Nous laissons au lecteur le soin de décider toutes ces questions.

(1) *Traité de chirurgie*, loc. cit.

(2) *Clinique chirurgicale*, publié depuis quelques mois seulement. C'est là le dernier mot de la science.

§ III.

Les fractures du col du fémur guérissent, sans raccourcissement du membre, soient qu'elles aient leur siège en dedans de la capsule articulaire, soit qu'elles l'aient en dehors. Voilà, ce nous semble, une proposition plus vraie que celles que nous avons combattues. L'observation et le raisonnement s'occordent ensemble pour la corroborer. Il n'est plus temps d'accuser l'impuissance de l'art ou de la nature. La nature et l'art ne doivent plus servir d'excuse aux insuccès des Chirurgiens. Nous sommes en possession d'un trop grand nombre de faits heureux, pour oser soutenir encore que les faits malheureux forment la règle générale, et ceux-là l'exception. Redoublons, par conséquent, de confiance et de zèle pour accroître le nombre de ces guérisons complètes : résultat auquel on parviendra en perfectionnant les méthodes thérapeutiques, dont on fera varier le choix selon les exigences individuelles. Car, nous posons en principe, que la même méthode ne convient pas indifféremment à toutes les personnes.

On rapporte à trois méthodes générales les divers moyens usités jusqu'à présent pour réduire et maintenir les fractures du col du fémur : 1° *l'extension permanente ;* 2° *la demi-flexion ;* 3° *la méthode* que nous appellerons *naturelle*, et qui consiste à abandonner la fracture à elle-même, ou bien à maintenir les fragmens à l'aide d'un appareil simplement contentif.

Le traitement par la gouttière de *Celse* et de *Fabrice de Hilden*, doit être rapporté à cette dernière méthode. Il ne convient de l'employer que lorsqu'il existe une plaie et qu'on ne tient pas précisément à lutter contre le raccourcissement du membre. *Guillaume Salicetti, Argilata* (1), *Foubert, Sabatier*, et de nos jours le baron *Larrey*, se sont déclarés les défenseurs de la méthode dite naturelle. Il va sans dire que cette méthode est trop peu active pour être générale et surtout pour avoir pu être mise à profit dans la fracture de M. le *Duc de Bordeaux.*

Des deux autres méthodes dont il nous reste à parler, celle de la demi-flexion est la moins ancienne et la moins active. On croyait généralement que *Percival Pott* avait été le premier à la proposer. Mais la *Clinique* de Montpellier prétend que la première idée de la flexion se trouve dans *Guy de Chauliac*, et que *Pott* n'a fait que s'approprier l'opinion de l'ancien professeur de l'Université de Montpellier (2). Si cela est, *Chauliac* aurait connu

(1) *Léveillé, Nouvelle doctrine chirurg.*, loc. cit.

(2) *La Clinique de Montpellier*, loc. cit.

et mis en pratique les deux méthodes de flexion et d'extension, comme nous le verrons avant peu. Quant à *Percival Pott*, il a proposé, il est vrai, la demi-flexion pour le traitement des fractures en général, mais il ne s'en est jamais servi, remarque *Dupuytren*, pour les fractures du col du fémur en particulier. C'est à ce dernier Chirurgien, à *Delpech* et à *A. Cooper* que le soin de cette application était réservé.

Il est digne de remarque, que cette méthode n'apporte pas avec elle toutes les garanties possibles, quoiqu'elle ait été plusieurs fois couronnée de succès. Les Chirurgiens qui l'ont préconisée sont précisément ceux qui ont le moins cru à la guérison sans raccourcissement : témoin *Delpech*, dont l'opinion est connue ; témoin *A. Cooper*, que nous savons avoir nié la consolidation osseuse. *Chélius* est tellement convaincu de son insuffisance, qu'il croit que « si, en Angleterre, on a eu jusqu'à présent peu occasion d'observer cette consolidation, cela doit tenir au traitement peu énergique que l'on a employé contre les fractures qui se trouvent dans l'intérieur de l'articulation (1). » Chez M. le *Duc de Bordeaux*, où il importait, avant tout, de combattre le raccourcissement du membre, il a été indispensable de recourir à une méthode plus énergique. C'est pour cela que MM. *Watemann* et *Bougon*

_____

(1) *Traité de chirurgie*, loc. cit.

ont adopté l'un des procédés de la méthode par extension.

Cette dernière méthode, quand elle est permanente, est sans doute plus douloureuse, parce qu'elle est plus active; mais en définitive elle est plus efficace. Des trois méthodes elle est la plus ancienne. *Hippocrate* employait l'extension; ce qu'il va nous en dire prouve qu'on peut, sans crainte, en faire usage : « l'extension doit donc être ici des » plus fortes, mais en droiture, pour s'assurer » qu'il n'y aura point de défaut. » Plus loin il ajoute : « Lorsque le fémur est cassé, il faut travailler de » toutes ses forces à faire l'extension nécessaire. » La fit-on plus forte, il n'en résultera point de mal (1) ». Oubliée pendant des siècles, la méthode d'extension a été pour ainsi dire recréée par un célèbre Chirurgien français. Ainsi, *Chauliac* empêchait, dans les fractures du col du fémur, la jambe de remonter, en attachant au-dessus des malléoles un lacs qui passait ensuite sur une petite poulie, et auquel un poids était suspendu au pied du lit (2). Plus tard, *Desault* et *Boyer* ont donné leurs noms à des machines suggérées par l'idée-mère d'*Hippocrate*. *Richerand* et M. *Gerdy* ont fait usage de ces machines dans leur pratique. Ce dernier auteur a même relevé l'erreur où était tombé *Pott*, de ne voir dans la rectitude des membres qu'un état nui-

---

(1) *Encyclopédie des Sciences médicales*, loc. cit.
(2) Voyez *Léveillé*, loc. cit.

sible, qu'une cause permanente d'irritation et de spasme qui s'oppose à la réduction. Écoutons-le parler lui-même. « Je ne puis admettre cette idée, dont l'expérience dément chaque jour hautement l'exactitude par les succès nombreux et journaliers de l'extension permanente. Depuis ma première édition, j'ai fait des expériences comparatives sur les mêmes malades : j'en ai soumis quelques-uns, pendant quelques jours, alternativement à la demi-flexion et à l'attitude droite des membres; eh bien! la plupart m'ont assuré qu'ils aimaient tout autant l'extension que la demi-flexion, ou même préféraient la première à la seconde (1). » Ces paroles de M. *Gerdy* sont d'autant plus importantes à noter, que déjà dans la première édition de son *Traité des Bandages*, cet auteur s'était prononcé en faveur de la méthode par demi-flexion.

Plusieurs auteurs, parmi lesquels on peut citer *Van-Houte*, *Gresely*, *Bruenninghausen*, *Hagedorn*, etc., ont modifié profondément et souvent avec avantage les deux méthodes rivales, sans que néanmoins les idées premières d'*Hippocrate*, de *Desault*, de *Boyer*, ou de *Chauliac*, de *Pott*, de *Delpech*, etc., aient disparu complètement.

Non-seulement on a modifié ces deux méthodes chirurgicales, mais encore on a voulu les combiner tantôt *simultanément*, tantôt *successivement*. Il y a combinaison *simultanée* lorsqu'on applique l'ap-

______
(1) *Traité des bandages*, tome I, p. 407.

pareil *Hyponarthécique* de M. *Mayor*. « Par ce
moyen, le membre est placé dans la demi-flexion,
et l'attraction qu'exercent sur le genou les cordes
fixées à la selle, détermine une véritable extension
continue (1). » Il y a combinaison *successive* des
deux moyens, lorsqu'à l'exemple de la *Clinique de
Montpellier*, on soumet le membre d'abord à la
demi-flexion, et plus tard à l'extension continue,
pour le remettre ensuite dans la flexion.

Frappé de l'insuffisance des appareils extensifs
proposés jusqu'ici, ce dernier journal en a imaginé
un dont le but principal est de s'opposer à toute
inclinaison du bassin, et d'assujétir invinciblement
les deux membres à côté l'un de l'autre, au moyen
de deux attèles qui s'étendent de la crête des os
des îles au-delà de la plante du pied ; au moyen
d'un lacs qui traverse les deux attèles au niveau
des genoux, et qui doit maintenir ces deux
derniers au même niveau.

Nous préjugerons peu sur la valeur de cet appareil, pressenti par le Romain *Rogieri*, qui recom-
mandait de placer la cuisse malade contre celle qui
était saine et étendue : trouvé peut-être par *Bruen-
ninghausen*, qui assujétissait par une espèce d'étrier
la jambe malade contre la saine (2) : appareil qui,
du reste, nous paraît avoir le grave inconvénient de
se déranger toutes les fois que le malade a des

<hr>

(1) *Traité des bandages*, tome I, pag. 125.
(2) Léveillé, *Nouv. Doct. chirurg.*, loc. cit.

besoins à satisfaire, à moins qu'il ne se soulève sur le lit à la force des poignets ; à moins que d'après le conseil de *Rogieri*, le lit très-étroit ne soit percé pour donner la facilité d'aller à la selle sans se déranger.

L'extension permanente est, comme on le voit, la méthode à laquelle nous donnons la préférence. Cependant nous ne la recommanderions pas comme méthode exclusive. Il y a des sujets qui ne la supporteraient que difficilement. Chez *Henri de France* elle était indiquée et par la nécessité impérieuse d'éviter le raccourcissement du membre, et par le tempérament favorable du Prince, et surtout par sa forte résignation à supporter son mal avec calme. Au demeurant, si nous avions à généraliser nos idées sur les méthodes curatives des fractures du col du fémur, nous dirions volontiers qu'il n'y a point de règle invariable à établir. Il est des cas où le Chirurgien doit prendre conseil du moment, et s'en rapporter exclusivement à sa propre sagacité. Nous l'engagerons toujours à ne point oublier qu'un individu nerveux, mobile, irritable, indocile, ou sujet à des mouvemens involontaires ne pourra que péniblement s'accommoder de l'extension permanente. Il aura mérité tous les suffrages, le Chirurgien qui, adoptant le moyen le plus capable de vaincre la contraction musculaire, saura maintenir les fragmens dans un rapport exact et condamner le membre à une immobilité aussi complète que possible, sans trop fatiguer le malade.

Une dernière question qui a son importance, et à laquelle nous allons consacrer quelques lignes, c'est de savoir, la méthode d'extension étant adoptée, à quelle époque de la maladie il convient de faire l'application des appareils ou des machines que cette méthode a suggérés. Faut-il agir sur les fragmens quelques heures après l'accident, ou bien doit-on rester jusqu'au quinzième, vingtième ou trentième jour?

Ce serait s'exposer à faire souffrir son malade à pure perte, de ne pas attendre que les premiers symptômes inflammatoires fussent dissipés, avant d'appliquer les premiers appareils. Mais, à moins d'une complication, un ou deux jours suffisent pour obtenir ce résultat : et ne commencer l'extension que le quinzième, le vingtième ou le trentième jour de l'accident, ce serait perdre un temps précieux. Les personnes qui conseillent de n'employer que des moyens peu énergiques durant la première quinzaine qui suit la fracture, se laissent séduire par des théories plutôt ingénieuses que solides (1). Ces

(2) Ici nous faisons allusion à l'opinion de M. *Lallemand* sur les ramollissemens et les indurations des tissus. Le grand tort de ce professeur est d'avoir trop généralisé ses idées à cet égard. Outre que plusieurs observations déposent contre le principe qui attribue ces deux phénomènes à l'inflammation ; il répugne ensuite, quand il s'agit de la formation du cal, d'expliquer ce travail purement physiologique par des actes essentiellement pathologiques. L'opinion de M. *Lallemand* se ressent, en ce point, de l'exclusivisme de la doctrine qui l'a inspirée : comme cette doctrine, elle sera donc réduite à sa juste valeur. Déjà MM. *Rostan*, *Abercrombie*, *Andral*, *Dubois*,

théories supposent que le cal est subordonné, dans sa formation, à l'inflammation des tissus osseux et fibreux, et qu'il passe nécessairement par les périodes de ramollissement et d'induration provoquées par cette inflammation. Or, cette théorie est contraire aux faits et à l'observation. Ce n'est pas l'inflammation qui produit le cal. L'École de Montpellier lui reconnaît une autre source. Elle ne croit pas, cette École, qu'on puisse expliquer une seule production vivante sans l'intervention de la *force plastique*. L'inflammation fait plutôt avorter le cal qu'elle n'aide à le former; c'est là un fait d'observation journalière.

D'ailleurs l'inflammation est assez rare dans les cas qui nous occupent. *Léveillé*, qui avait observé un très-grand nombre de fractures du col du fémur, nous prévient qu'il n'a rien eu à craindre de l'inflammation locale. Ce qui prouve que l'inflammation des fragmens osseux, le ramollissement et l'induration de ces dernières pièces ne sont que des jeux de l'imagination. Il faut donc appliquer les machines à extension, s'il y a lieu, dès que les premiers accidens sont conjurés, et profiter ainsi du moment où

d'Amiens, etc., ont fortement secoué le *Broussisme* du Médecin de Montpellier, pour ce qui concerne les maladies de l'encéphale. Espérons que ces auteurs ne s'arrêteront pas en si beau chemin, et qu'avant peu ils reconnaîtront avec *Barthez*, l'influence des *forces toniques* sur le degré de cohésion des tissus, de même que l'action de la *force plastique* et *nutritive* pour conserver le rapport des molécules organiques, et le reproduire quand il a été détruit. (Voyez les *Élémens de la Science de l'Homme*, par Barthez, t. I, p. 161.)

le suc glutineux s'épanche entre les deux fragmens. Il faut savoir se hâter, surtout chez les jeunes gens, où le cal se forme vite. Nous avons guéri un jeune maçon, âgé de douze ans, d'une fracture du radius, dont le cal fut assez solide le quinzième jour pour permettre des mouvemens de tout genre. Nous venons d'enlever l'appareil à une lessiveuse âgée de soixante-cinq ans, qui pût, le vingtième jour, mouvoir, sans danger, son bras droit qu'elle s'était fracturé au-dessus de l'empreinte deltoïdienne. Le baron *Larrey* n'ayant pu faire garder son appareil plus de vingt jours, à un infirmier âgé de quatre-vingt-quatre ans, dont nous avons déjà parlé, ce vieillard, abandonné dans son lit, resta sans aucune espèce d'appareil encore quelques semaines, se leva ensuite, marcha à l'aide d'un bâton, et peu de temps après sans nul appui (1). Il n'y a pas à douter que ce succès n'ait dépendu de l'application de l'appareil. Or, qui oserait faire un reproche à M. *Larrey* d'avoir appliqué cet appareil immédiatement après l'accident ? Sachons donc reconnaître que, généralement, il faut se décider au plutôt à l'action, et que dans plusieurs cas il convient de se déterminer en faveur de la méthode la plus énergique, la plus douloureuse. Avouons hautement que la conduite de MM. *Watemann* et *Bougon* n'a été nullement répréhensible, quoiqu'ils aient agi sur-le-champ.

(1) *Revue médicale*, loc. cit.

Voici les propositions conclusives qui dérivent de tout ce qui précède et qui en sont le résumé.

1° Les fractures *intra-capsulaires* du col du fémur, arrivent à leur consolidation dans tous les âges, et plus particulièrement chez l'adulte;

2° La fracture de M. le *Duc de Bordeaux* appartient à cette catégorie aussi bien qu'à tout autre; par conséquent, il serait irrationnel de soutenir que chez lui la guérison est impossible.

3° Dans les fractures *extra-capsulaires*, il est bien difficile de guérir sans raccourcissement du membre : néanmoins, la science possède aujourd'hui un grand nombre de faits de guérison complète; à cette heure la proposition de *Delpech* est insoutenable.

4° Les cas les plus malheureux de fractures *extra-capsulaires* simples, laissent une claudication presque imperceptible, laquelle peut toujours être corrigée à l'aide d'un talon un peu élevé.

5° Que si la fracture de M. le *Duc de Bordeaux* est du genre *extra-capsulaire*, il n'y a pas raison majeure d'en déduire que ce Prince sera irrévocablement boiteux. Un traitement énergique met à l'abri de cet accident. Et, nous aimons à le croire, ce traitement n'a pas été négligé.

Arrivé au terme de nos conjectures, il ne nous appartient pas de décider si elles sont fondées ou illusoires. Notre désir intime est qu'elles puissent équivaloir à une certitude. Mais on ne peut guère appliquer la rigueur des mathématiques aux objets de la nature. La médecine, comme les autres sciences naturelles, politiques et législatives, ap-tient à cet ordre de sciences dans lesquelles il est rare ou impossible, selon *d'Alembert*, de parvenir à la démonstration, et dans lesquelles, cependant, l'art de conjecturer est nécessaire (1). A force de tendre l'esprit vers une chose, on finit par pénétrer, par deviner cette chose. *Cicéron* faisant ressortir les supercheries des oracles, reconnaît qu'ils peuvent assez souvent rencontrer juste. Celui, dit-il, qui s'exerce tout le jour à tirer, donne quelquefois au but (2). Plus heureux que les oracles du paganisme, puisque nous procédons d'après une méthode philosophique adoptée par les penseurs, nous pouvons aussi nous promettre d'atteindre quelquefois la vérité. Nos conjectures rentrent alors dans le domaine *de la philosophie inductive où la certitude ne se forme souvent que par la multiplicité des probabilités (3).*

(1) *Mélanges de Littérature*, etc., Art de conjecturer, p. 55.

(2) *Quis est enim, qui totum diem jaculans, non aliquando contineat?* Cicer. de Divinit., l. II, c. LIX.

(3) M. *Lordat*, première leçon du Cours de physiologie, de 1841 à 1842, sur cette question : *les Lois de l'hérédité physiologique sont-elles les mêmes chez les bêtes et chez l'homme?* Dans cette leçon, le professeur a prouvé d'une manière décisive *que le réceptacle de l'éducation de l'homme n'est pas le même que celui de la brute.* En établissant une différence bien tranchée, sous le rapport du sens intime, entre la nature humaine et la nature bestiale, il a enfin donné la solution de ce problème, relatif à l'instinct et à l'intelligence, à l'éclaircissement duquel *F. Cuvier* avait employé vainement trente

Si nous avons rencontré juste, c'est-à-dire, si *Monseigneur le Duc de Bordeaux* n'est pas boiteux, nous nous en réjouissons de toute notre âme, moins encore parce qu'il est Prince malheureux que parce qu'il est homme, parce qu'il est Français. Il est beau de se laisser conduire d'après le *caritas generis humani* échappé à la belle âme de Cicéron! On aime à se conformer à la sublime maxime du vieillard de Térence : *Homo sum, nihil humani à me alienum puto !*

ans de sa vie. On comprend que l'homme qui traite à fond de semblables questions, ne peut avoir sa place qu'à côté de *Bossuet* ou de *Leibnitz.* (Voyez *Journal de la Soc. de méd. prat.*, mars 1842.)

FIN.